KalleCat

Hemmo Vattulainen

KONTIOLAHTI

Vähän aikaa sitten

1960-1970-luku...

ISBN 978-952-5399-81-3

KalleCat
Kontiolahti

Kevät kirkonkylässä.

Kontiolahti
Vähän aikaa sitten
1960-70-luku...

Historia

 Kontiolahti kuului vuoteen 1739 saakka Liperin kirkkopitäjään. Vuonna 1859 Kontiolahti määrättiin keisarillisella käskykirjeellä itsenäiseksi kirkkoherrakunnaksi, mutta vasta vuonna 1873 kirkkoherran vaihtumisen myötä syntyi erillinen Kontiolahden kunta.
 Kunnan perustamisen aikaan väkiluku oli 5 599 henkilöä. Vuonna 1911 asukasluku ylitti 10 000 asukkaan rajan, mutta Pielisensuun kunnan eron vuoksi Kontiolahdesta kuntalaisten määrä laski nopeasti ollen vuonna 1916 vain 6 876 henkeä. 1940-50-luvuilla väkiluku nousi jälleen yli 10 000 asukkaaseen, mutta vuodesta 1960 se alkoi taas laskea vuoteen 1978 saakka, mistä lähtien Kontiolahden kunta on ollut kasvava kunta lukuun ottamatta vuotta 1994.
 Rakennustoiminta vilkastui 1960-70-luvun jälkeen, jolloin alettiin rakentaa rivitaloja, uusia omakoti taloja, ala-ja yläasteen koulurakennukset sekä liikerakennuksia.
 Kunnanjohtajana vuosina 1959-1982 toimi Alvi Puruskainen.
 Kirkkoherrana toimi1960-70-luvulla Reino Pajunen aina vuoteen 1977 asti.

Maisema sataman ja kirkonkylän suuntaan Kontioniementieltä.

Maisema Kontioniemen tieltä Pyytivaaran suuntaan.

Kontioniementien varressa olevia taloja ja kioski.

Siviilikylän parakkirakennuksia Kontionimentien varressa. Osa parakeista on jo purettu. Rakenukset rakennettiin varuskunnan rakentajien asunnoiksi.

Koivut Kontioniementien varressa.

Viereinen sivu - Kontioniementie Koivurannantien risteyksen kohdalla.
- Entisen koulun suora.
- Mäki Kontioniementiellä ennen asemaa.

Kontioniemestä tulevan tien risteys nykyiseen Asemantiehen. Asematie oli 1960 luvulla vielä Joensuu-Nurmes valtamaantie.

Tie asemalta kirkonkylälle.

Asemanseudun taloja. Taksiautoilija Roseniuksen talo. Tien vieressä oleva autotalli oli taksiautoja varten.

Vieno ja Helke Mustosen kauppa toimi tässä rakennuksessa. Myöhemin rakennus oli asuin käytössä.

Kontiolahden rautatieasema siihen aikaan, kun oli vielä henkilöliikennettä. Asemarakennus ja muut rakennukset ovat vuodelta 1908, suunnittelija oli Thure Hellström.
Liikennepaikan henkilöliikenne lopetettiin vuonna 1990.
Rakennukset myyntiin keväällä 2009. Rakennukset on nykyään asuinkäytössä.

Sisäänkäynti asemarakenuksen odotushuoneeseen sekä Kontiolahden aseman postiin.

Odotushuoneessa olevasta luukusta ostettiin junaliput. Odotushuoneen toisella puolella oli Kontiolahden aseman postin asiointiluukku.

Aseman kaivo.

Junaa odotellaan.

Maantie aseman kohdalla.

Satamatien ja Kontioniementien välisen pyörätien alkupää Kontioniemen tieltä.

Pyörätien ja Koivurannantien risteys.

Koivurannantie.

Satamatien ja Kontioniemen välisen pyörätien varren viljapeltoviljelyksiä ja sadon korjuuta.

1960-luvulla ei ollut tietokoneita eikä kännyköitä, niimpä nuoriso pelasi pallopelejä ja lapset leikkivät intiaanileikkejä.

Kontionimentien ja Satamatien välillä olevan pyörätien varrella olevan Kiukkuvirran ylittävä silta oli nuorison kokoontumispaikka.

Pistoraide satamaan jonka rakentaminen aloitettiin v. 1928. Rataa myöten kuskattiin puutavaraa satamasta, jota sinne oli uitettu pitkin Höytiäistä.

Liikenne on hiljentynyt niinettä ruoho kasvaa radalla ja ylikäytävällä hiekka on peittänyt raiteet. Nykyään kiskot on purettu ja rata on muuttunut Satamatieksi.

Sataman pistoraiteella olevalta ylikäytävältä (Kontioniemen - Satamatien välinen pyörätie) näkymä Höytiäisen suuntaan.

Varastorakennus. Nykyisin se on HöPs:n käytössä

Sataman laitureista 1960-70-lukujen taitteessa oli jäljellä enää pystytolpat.

Satamaan uitettiin tukkeja ympäri Höytiäistä, josta ne lastattiin junavaunuihin kuljetettavaksi määränpäihinsä,

Höytiäinen sataman rannasta Vierevänniemen suuntaan.

Koivukuja Satamasta kirkonkylän suuntaan.
Tien vasemmalla puolella olevat keltaiset mökit oli rakennettu sataman työväestön asunnoiksi.

Vierevänniemen ranta syntyi, kun Höytiäisen järvenlaskun yhteydessä tuli hietikko esiin, jonka hiekka on erityisen hienoa. Ranta nimensä mukaisesti vierii veteen. Vierevänniemen rakenteista voidaan myös lukea Höytiäisen kehitystä.

Kontiorannaan varuskunta.
Karjalan Jääkäripataljoona v.1966.

Tykit vartioivat varuskunta-aluetta.

Kontiorannan varuskunta 28.8.1940-31.12.2013
 Kun pysyvän varuskunnan perustaminen oli käynyt tarpeelliseksi, varuskunta-alueen rakentaminen alkoi 1940-luvun lopulla. Jo vuonna 1941 ryhdyttiin selvittämään alueen maanomistusoloja ja alueiden ostamista yksityisiltä omistajilta.
 Varuskunta vakinaistettiin 1949 ja sille lunastettiin vähitellen 750 hehtaaria maata.
 Koska alueelle oli alussa rakennettu parakkirakennuksia aloitettiin uuden ja paremman kasarmialueen rakentaminen 1950-luvulla. Vuonna 1950 valmistui ruokala, joka oli Puolustusvoimien ensimmäinen uudisrakennus sotien jälkeen. Ensimmäinen kivikasarmi valmistui kahta vuotta myöhemmin ja viimeinen vuonna 1976, jolloin Kontiorannassa toimi täysvahvuinen jääkäripataljoona. Kontiorannan uimahalli on rakennettu vuonna 1980.
 Aikaisemmin Karjalan Jääkäripataljoonana tunnettu joukko-osasto ja Liperin Ylämyllyllä sijainnut Pohjois-Karjalan Patteristo yhdistettiin heinäkuun alussa v. 1990 Pohjois-Karjalan Prikaatiksi. Muutamaa vuotta myöhemmin Patteristo lakkautettiin ja kaikki Prikaatin toiminnot siirrettiin/keskitettiin Kontiolahdelle.
 Prikaati lakkautettiin vuoden 2013 lopussa.

T-34 pansarivaunu "Sotka".

Taisteluharjoituksiin lähdössä pyörillä suksien kanssa.

Siellä jossakin.

"Emma" pikakivääri.

Taistelua ja lepoa.

Maihinnousuharjoitus.

Sotilaskotisisaret olivat odotettuja vieraita munkkikahveineen taisteluharjoitutusten keskelle.

Nälkä yllätti kesken taistelun.

Kohta on juhannuskoivu rappujen edessä.

Varuskunnan juhannusjuhlille menossa.

Kontiorannan varuskunnassa järjestettiin suosittuja juhannusjuhlija 1960 luvulla. Yleisö on kokoontunut Höytiäisen rannalle seuraaman järven yläpuolella tapahtuvaa taitolentonäytöstä.

Seuraava aukeama - Ohjelmasuoritusten jälkeen oli juhannuskokon vuoro.

Pielisjoki Uuron kohdalla. Vasemmalla on tulevan Kuurnan voimalaitoksen alue ennen rakentamista.

Palovartiotorni.

Pyytivaaran mäenpäältä avautui 1960-70 luvun vaiheessa hienot näkymät Höytiäisen suuntaan.

Lumiaita Pyytivaaran tien varrella. Lumiaita esti lumen juoksutuksen tuulella maantielle asti.

Kirkonkylä.

Kontiolahden kylä alkoi muodostua 1500-luvulla. Se oli osa Suur-Liperiä
Historiaa voidaan seurata asiakirjoista 1600-luvun alusta. Kylässä oli ortodoksiväestö enemistö Ruotsin vallan alkuun asti. Historiallinen käänne tapahtui 1630-luvulta Stolbovan rauhan jälkeen kun ortodoksinen väestö alkoi siirtyä itään päin ja luterilainen uudisasutus asutti muuttaneiden maat sekä raivasi uutta.
Kylälle saatiin kappeli ja ensimmäinen kirkko rakenettiin 1740-luvulla. Kirkon ympärille alkoi muodostua kyläkeskus ja kirkossakäyntialueen pohjalta muodostui Kontiolahden seurakunta.
1960-70-luvulla kirkonkylä oli puutalovaltainen kylä pienine mökkeineen ja taloineen, mutta uuden rakentaminen on jo meneillään mm. rivitalot.

Maantie pohjoisen suunnasta keskustan suuntaan.
Keskuskatu oli vielä 1960 luvulla valtamaantie
Joensuu-Juuka-Nurmes.

Tienvarren pikku mökki.

Kaupparakenuksen rakenutti neiti Anna Puhakka v.1902. Rakennuksessa on pitäneet kauppaa A. Honkanen, Hakorita ja Rautiainen.

Talon takana olevalle pellolle on aloitettu rakentamaan rivitaloja.

Tie kirkonkylän keskustan suuntaan koulun kohdalta. Koulusta seuraavana säästöpankki ja kauppaliike.

Vasemmalla on 1960 valmistunut koulurakennus, jossa nykyisin toimii ala-aste. Valkoinen rakennus on 1890 rakennettu puukoulu, jossa toimi mm. Kontiolahden lukio ennen nykyisen lukiorakenuksen valmistumista. Nykyisin siinä toimii vapaaopisto. Oikealla on Kekäleen talo.

Säästöpankkirakennus. Rakennettu v. 1951.
Kontiolahden Säästöpankki perustettiin 1901. Vuonna 1956 se yhdistettiin Joensuun Säästöpankkiin.
Pikkukuva. Maisema pankkirakenuksen kohdalla tien toisella puolella.

Puutarhuri Laineman kukkakauppa.
Jaakko Puhakka rakennutti kauppakartanon v.1882. Vuosien varrella on rakennuksella ollut monta eri omistajaa erilaisine liiketoimineen. Viimeisimpänä oli Laineman kukkakauppa.

Kontiolahden kirkko valmistui vuonna 1881. Muodoltaan se on uusgoottilainen, puinen ristikirkko, jonka pääsisäänkäynnin yläpuolella on kellotapuli. Kirkontornissa on kaksi kelloa, joista vanhempi on valettu Lokomolla vuonna 1962 ja uudempi hankittu vuonna 1989 Juutilan valimosta, Kaavilta. Kellojen käsisoitto muutettiin sähkökoneistolle 2009. Kirkon suunnittelivat Georg Wilenius ja Axel Hampus Dahlström. Kirkko on sakastin ja tapulin kanssa 42,3 metriä pitkä ja korkeutta on tornin huipulla 20,65 metriä. Istumapaikkoja parven kanssa kirkossa on noin 1 000 hengelle. Urut ovat urkurakentaja Gustav Normanin vuonna 1877 rakentamat, joten ne ovat vanhemmat kuin kirkko itse. Ne ostettiin 1943 Leppävirran seurakunnalta ja niissä on 14 äänikertaa. Alttaritaulun Ristiinnaulittu on maalannut Yrjö Ollila vuonna 1929.

Näkymä Kirkkomäen suunnalta keskustaan ja koulun suuntaan.

Kontiolahden kirkko sankarihautojen suunnasta.

Kontiolahden kirkko. Etualalla PKO:n rakennuksia.

PKO.n kaupparakennus. Rakennus rakennettiin 1950-luvulla.
Jussi Kuismanen oli pitkäaikaisempia myymälänhoitajia

Vasemalla on PKO:n kaupparakennus, taustalla on apteekki. Oikealla puolella on Kahvila-ravintola Mesikämmen, joka paloi 1980-luvulla. Seuraavana on Hiltusen kauppaliike, posti ja kirjakauppa.

Linda Räsäsen perustama Kirja- paperi- ja kemikaalioliike ja kirkonkylän postirakennus. Postin takana näkyy Talous-Hiltusen liikerakennus.

Taustalla näkyy PKO:n rakennus.

Kioski nykyisen Yhdystien risteyksen kohdalla,

Talvista kirkonkylän keskustaa.

Apteekkirakennus rakenettiin 1930-luvun loppupuolella ja se toimi siinä 1980-luvulle asti.

Arkktehti Pertti Luosarisen suunnittelema seutakuntatalo rakenettiin 1963. Saliosan seinät on jo pystyssä.
Nykyään tämä rakennus on purettu ja tilalle on rakenettu uusi seurakuntatalo.

Niilo Puhakan rakenuttama mylly- ja pyörösaha rakennus.

Kirkonkylän mökkejä ja taloja.

Lääkärin talo. Rakennus oli rakenettu v. 1936.

Keltainen talo.
 Matti Puhakka osti Lehtola tilan v. 1871. Ukko-Iisakki
Väyrynen osti talon Puhakalta v1895. Väyrysen leski myi talon
Antti Räsäselle 1920 luvulla. Talossa oli Oman-Avun kauppa
1914-1918. Räsäset muuttivat taloon v.1923. He pitivät talossa
kahvilaa.
Kunta osti Lehtolan tilan 1937 kulkutautisairaalaksi.
Loppuaikoina se oli asuintalona. Talo purettiin 1977.

Kirkonkylän joulu.

Näkymä Räsäsen pellolta Höytiäiselle ja Kontionemeen.

Varparanta.

Varparanta on aikoinaan kuulunut Kontiolahden kylään. Kylä mainitaan ensimmäisen kerran v. 1890. Kylän alueella on ennen ollut kaskimaita. Kaskikauden jälkeen alueet ovat kasvaneet koivikkoja. Sieltä on saatu hyviä aineksia varpaluutiin ja vastoihin. Perimätiedon mukaan kylän nimi Varparanta on saanut nimensä tuolta ajalta. Varparannan kylän tärkeimmät elinkeinot ovat olleet maanviljelys, metsästys ja kalastus.

Hevonen oli tärkeä apu metsäsavotoissa, maataloustöissä ja kulkuvälineenä vielä 1960-luvulla. Mutta vähitelen hevoset saivat väistyä traktoreiden tieltä.
Varparannantie oli vielä1960-luvulla Joensuu-Juuka-Nurmes valtamaantie.

Maantie pohjoisen suuntaan.
Tien varteen on kesän ajaksi varastoitu lumiaita tarpeita.

Punaiset mökit talvisessa maisemassa.

Varparannan taloja ja peltoja.

Pikku mökkit maantien varrella postitoimiston lähellä.

Asiamies Herra Myllysen talo.

Heinälatoja peltojen keskellä.

Vasemmalla olevassa rakenuksessa toimi Oma-Apu ja Oma-Avun lopettettua posti. Oma-Apu osti v.1934 suutari Heikki Mustoselta mökin myymäläksi. Oma-Apu -liike toimi 1960-luvulle asti ja myymäläauto kulki kylällä vielä pari vuotta.

Keväällä 1960 Martti Väyrynen osti Oma-Apu -paikan ryhtyen taksiautoilijaksi. Paikalle tuli myös 1965 postitoimipaikka, koska postinjakelu siirtyi pois PKO:sta. Postitoimipaikka lakkautettiin 1991.

Maantie mutkittelee talojen ja peltojen välissä.

Maito toimitettiin tonkissa tienvarteen maitolavalle, mistä maitoauto kävi ne keräämässä toimittaakseen maidon meijeriin.

Varparannan PKO.
Pohjois-Karjalan Osuuskaupan (PKO) myymälärakennus rakenettiin vuona 1950.
Myymälä lakkautettiin maaliskuussa 1985. Kaupan omistus siirtyi tuolloin Viljo Toivaselle. Hän oli toiminut kaupan hoitajana 22 vuotta.
Kyläkauppa Ville aloitti toimintasa 27.3.1985. Alussa se toimi osuuskauppana, josta oli merkkinä S-logo kaupan seinässä sekä teippaukset ikkunoissa.
Vuona 1990 vuoden jälkeen kauppa ei enää toiminut osuuskauppana.
Kauppa lopetti toimintasa 1996.

Maantie pohjoiseen päin kaupan kohdalta.

Autiotalo maantien varressa.

Notkelma tiessä koulun lähellä. (Nykyisin entinen koulu)

Tällä rannalla pidettiin sotien jälkeen kylän juhannuskokko tilaisuuksia. Kaupan Aili myi limonaadia työntökärryistä juhannuskokko yleisölle.

Ranta - Tahvolantie, venevajat.

Höytiäinen Rapalahti. Maanviljelyä rantatilalla 1960-70-luvun vaiheessa.

Lehmien lepotauko ennen iltalypsylle menoa.

Metsälaitumet aidattiin pystyaidoilla.

Maitotonkat maitolavalla.

Iltalypsylle menossa kujosia myöten.

Romppala.

Viljan puintia Romppalan kylällä. Kiertävä puimakoneryhmä kävi pientilojen viljat puimassa paikan päällä.

Mummo nostaa vinttikaivosta kahvinkeitto vettä puimamiehille,

Jauhinkivet ovat jo vaienneet Luikon myllyssä. Luikon myllyn omisti Viljo Romppanen ja se toimi 1900-luvun alkupuolelta 1940-luvulle asti.

Talvi 1969. Tukkien ajoa metsästä autotien varteen suoritetiin vielä hevosvoimin.

Kontiolahden historiaa.

Liisa Ryyppö
Kontiolahden historia 1870-1970
ISBN 951-99598-1-5

Kontiolahti
kirkonkylä
ISBN 978-952-93-3222-9

Höytiäisen viittateillä
Kontiolahden seurakunnan juhlakirja
ISBN 951-99315-6-2

Elsa Sormunen
Varparanta
vuosisadan varrella

Hannu Asikainen
Pohjois-Karjalan kyläkaupat
1977-2002.

Kuva: Höytiäinen, Laitasaari.

KalleCat

Valokuvaus
Hemmo Vattulainen
kallecat@outlook.com

www.ingramcontent.com/pod-product-compliance
Lightning Source LLC
Chambersburg PA
CBHW041150060526
44107CB00141B/1120